BEI GRIN MACHT SIC
WISSEN BEZAHLT

- Wir veröffentlichen Ihre Hausarbeit, Bachelor- und Masterarbeit

- Ihr eigenes eBook und Buch - weltweit in allen wichtigen Shops

- Verdienen Sie an jedem Verkauf

Jetzt bei www.GRIN.com hochladen und kostenlos publizieren

Generierung und Idealisierung der Realität in Film und Fernsehen. Am Beispiel der Serie "Rendez-vous en terre inconnue"

Jacqueline Janßen

Bibliografische Information der Deutschen Nationalbibliothek:

Die Deutsche Nationalbibliothek verzeichnet diese Publikation in der Deutschen Nationalbibliografie; detaillierte bibliografische Daten sind im Internet über http://dnb.d-nb.de abrufbar.

ISBN: 9783346904256
Dieses Buch ist auch als E-Book erhältlich.

Druck und Bindung: Books on Demand GmbH, Norderstedt Germany
Gedruckt auf säurefreiem Papier aus verantwortungsvollen Quellen

Das vorliegende Werk wurde sorgfältig erarbeitet. Dennoch übernehmen Autoren und Verlag für die Richtigkeit von Angaben, Hinweisen, Links und Ratschlägen sowie eventuelle Druckfehler keine Haftung.

Das Buch bei GRIN: https://www.grin.com/document/1370868

„Rendez-vous en terre inconnue":
Die Generierung einer Realität.

Vorgelegt von
Jacqueline Janßen
Studiengang: M.Ed.

1. Fach Spanisch
2. Fach Französisch
3. Fach Bildungswissenschaften

Inhaltsverzeichnis

1. Einleitung

Kein anderes Genre splittet die Gesellschaft so stark wie die *téléréalité*, die seit 1980, zunächst nur in den USA, später dann auch in Europa auf den Bildschirmen vieler Haushalte zu sehen ist. Die Besonderheiten dieses Genre liegen auf der Hand, da es sich um das Prinzip *voir et être vu* dreht. Razac (2002) stellt in seinem Werk „L'écran et le Zoo" durch die ähnlichen Strukturen der *téléréalité* und den *Zoo humain*[1], zugänglich für die breite Masse ab dem 19. Jahrhundert, fest, dass „le concept de téléréalité ressemble au concept des zoos humains" (Razac 2002). Vor diesem Hintergrund erscheint es interessant, die französische Sendung „Rendez-vous en terre inconnue" zu analysieren, bei der es sich um eine Art der *télérélalité* handelt und die eine Öffnung der Welt visualisiert. Sie wird seit dem Jahr 2004, zunächst von Frédéric Lopez und dann von Raphaël de Casabianca präsentiert und auf dem französischen Sender „France deux" ausgestrahlt. Das offizielle Ziel der Sendung ist es, Frauen und Männer kennenzulernen „qui vivent dans des zones particulierement reculées" und ihre Kultur, ihre Religion und ihre Vision vom Leben kennenzulernen und zu verstehen.[2] Im Fokus dabei stehen zudem immer wechselnde frankophone Persönlichkeiten, die sich gemeinsam mit Frédéric Lopez oder zuletzt mit Raphaël de Casabianca auf die Reise begeben, um unbekanntes Terrain zu entdecken. Doch wie real ist die Repräsentation des Exotischen und seiner Bewohner*innen? Inwiefern sind die Darstellungen der Bewohner*innen inszeniert, um dem Zuschauer ein Bild zu vermitteln, was in der Realität in dieser Form nicht existiert, aber den Erwartungen der Zuschauer*innen entspricht? Vor diesem Hintergrund stellt sich die Frage, wozu eine Inszenierung dient beziehungsweise welchen Zweck sie konkret folgt, wenn sie Familien nicht so darzustellen, wie sie in der Realität sind. Um der Fragestellung auf den Grund zu gehen, werden zunächst allgemeine theoretische Grundlagen präsentiert, die für das Verständnis, was als fremd gilt und aus welchem Grund das Fremde so anziehend erscheint, relevant ist. Im Anschluss soll die Analyse zeigen, wie die französische Sendung mit dem Aspekt der Andersartigkeit umgeht. Diese Arbeit macht es sich konkreter zum Ziel, im ersten Teil zu zeigen, inwiefern der Aspekt der *altérité* in Szene gesetzt wird, und fokussiert sich dafür auf die sprachlichen und

---

[1] Das Phänomenon der *Zoo humains* verbreitet sich in dieser Zeit in ganz Europa an diversen Orten. Zur Schau wurden einerseits anormale Körper gestellt, und andererseits ging es um die *exhibition de l'altérité ethnique*. Die Darstellung führte sich vor bis Ende des zweiten Weltkrieges (vgl. Blanchard / Couttenier 2017 : 109ff.).
[2] Die Präsentation der Sendung wurde der offiziellen Seite der Sendung entnommen.
<https://www.france.tv/france-2/rendez-vous-en-terre-inconnue/>

kulturellen Aspekte, um eine differenzierte Analyse zu gewährleisten. Zudem werden die Lebensumstände der Familien visualisiert. Ein zweiter Teil der Analyse widmet sich der idealisierten Welt und der damit verbundenen Reduktion der Andersartigkeit. Dafür wird zunächst die Nähe-Distanz Beziehung zwischen den Gastgeber*innen und den Besucher*innen dargelegt. Als abschließende Analyse werden die Rahmenbedingungen der Sendung genauer betrachtet, um einen Vergleich zu erhalten, inwiefern sich die Vorbereitungen beziehungsweise das „Drumherum" in der Sendung selbst widerspiegelt. Die Arbeit fokussiert sich dabei lediglich auf eine Folge der Sendung, um eine tiefgründige Analyse zu ermöglichen. Die im Folgenden analysierte Folge wurde im Mai 2020 ausgestrahlt und begleitet Nawell Madani, Humoristin und Schauspielerin, und Raphaël de Casabianca, in die Mongolei.

2. Das Fremde und das Eigene – Eine Sache des *point de vue*

„Fremdheit beschreibt keine eigene Qualität, die Person oder Dingen anhaftet, Fremdheit ist kein Zustand, keine Eigenschaft, sondern beschreibt eine Relation zwischen mindestens zwei Personen und ist deshalb zunächst einmal „eine Frage der jeweiligen Konstellation" (Albrecht 1997: 85). Dieses Zitat eignet sich ideal, um die Problematik des Fremden deutlich zu machen, dass dieses nicht als einfach gegeben angesehen werden darf.

Fremdheit beschreibt dementsprechend ein spezifisches Beziehungsverhältnis, bei dem sich verschiedene Oppositionen gegenüberstehen: „Innen" und „Außen", soziale „Nähe" und „Ferne" sowie ein „Du" und ein „Ich" (Reuter 2002: 27).

Das Fremde und das Eigene lassen sich dementsprechend nicht getrennt voneinander betrachten, sondern gehen miteinander einher. Insgesamt ist eine getrennte Betrachtung nicht möglich, da ohne das Eigene, das Fremde nicht existieren würde (Barth 2008: 2). Das Eigene ist also nicht von Grund aufgegeben, sondern kann erst entstehen, wenn es im Vergleich zum Anderen gesetzt wird (vgl. Reuter 2002: 69). Auf diese Weise werden Subjekte durch eine soziale Praxis differenziert.

Der Aspekt der Wahrnehmung spielt insgesamt im Zusammenhang mit der Bestimmung des Fremden eine essenzielle Rolle, da eine Zuschreibung als fremd aus einer Wahrnehmung resultiert. Affergan (1987: 105) untermauert diese These und macht deutlich, dass die eigentliche Bedeutung von *le lointain* schwer zu bestimmen sei, da es an sich keine Bedeutung trage, sondern „s'élabore a partir de ce voir." Infolgedessen erfolge eine Einteilung der Welt in eine „vertraute" und in eine „unvertraute" Seite beziehungsweise „fremde" Seite auf Grundlage der Wahrnehmung (vgl. Reuter 2002: 69). Kulturell bedingt gäbe es durchaus „gesellschaftlich geronnene Muster der Fremdheit" (ebd.), nichtsdestotrotz sei nicht individuell festgelegt, was als „fremd" und was als „vertraut" empfunden wird, sondern bei dieser Einordnung handele es sich, um „das Produkt eines Interaktionsprozesses sowohl durch die spezifische Beziehung der Interagierenden untereinander als auch durch ihre Wissens- und Deutungsschema" (ebd.). Die diskursive Hervorbringung des „Anderen" dient immer einem bestimmten Zweck, beispielsweise dazu, Vorrechte von Privilegierten zu wahren. Dabei werden die jeweiligen „Anderen" in Stereotype eingeteilt und infolgedessen wird ihnen eine untergeordnete Rolle zugeschrieben, der sie entsprechen müssen. Entweder werden ihnen die Eigenschaften zivilisiert zugeschrieben oder wild und gewalttätig, rational oder irrational, modern oder traditionell (vgl. Riegel 2016: 52). Eine Mischung der Charakteristika ist nicht möglich, sondern es erfolgt eine klare Zuschreibung nach dem *Schwarz- oder Weiß* Modell.

Diese Art der Unterscheidung zwischen Eigen und Fremd wird ebenso als „Individuierung" bezeichnet, da sich dadurch das Eigene als höherwertiger als das Fremde beschreiben lässt oder andersrum. Todorov (1989: 297) beschreibt dieses Phänomen in seinem Werk „Nous et les autres" und ist der Ansicht, dass durch die Abgrenzung vom Fremden automatisch eine Wertung vollzogen wird und eine Einteilung erfolgt in „nous sommes mieux que les autres; les autres sont mieux que nous."

3. Le goût de l'exotisme

Der Begriff des Exotismus geht mit der Abgrenzung des Eigenen und des Fremden und der Produktion der Alterität einher und scheint auf den ersten Blick schwer zu definieren. Aus diesem Grund erscheint es besonders interessant, folgende Fragen näher zu betrachten, um sich dem Begriff des Exotismus anzunähern. Ab wann definiert man ein Land als ein solches, das in der Ferne liegt, damit es als exotisch gilt? Und inwiefern gilt ein Land als ‚seltsam' beziehungsweise wie ist es zu der Zuschreibung als solches gekommen?

Betrachtet man zunächst einen Eintrag des Petit Roberts zu der Begriffserklärung des Exotismus, so findet sich folgende Definition aus dem Jahr 1993 dazu. „Ce qui n'appartient pas aux civilizations de l'Occident ou qui appartient aux pays lointains et chauds" (Staszac 2008: 19). Dieser Definition zufolge bildet also ganz deutlich der Westen die Norm und gilt als das „Normale". Jeder und alles abseits des Westens entspreche als Konsequenz nicht der Norm.

„Les mots "lointain" ou "bizarre" qui ont l'air de faire sens en soi ne le font que par rapport à un implicite, relative au locuteur, a sa situation et a ses normes" (ebd. :8).

Das Zitat zeigt deutlich, dass *exotisme* keinesfalls ein Fakt oder die Beschreibung eines Objekts ist, sondern ein „point de vue, un discours, un ensemble de valeurs et de représentations à propos de quelque chose, quelque part ou quelqu'un" (ebd.: 9).

„Ce qui est exotique ne l'est donc que dans la bouche et les yeux de l'Occidental. Tel fruit, tel bois, tel poisson exotique n'ont rien de lointain, ni d'étrange pour les habitants des pays ou on les trouve" (ebd.: 9). Ein Objekt, ein Land oder ein Subjekt gilt also nur im Auge des Betrachters als exotisch und nicht in seinem gewohnten Umfeld. Damit ein Ort, Mensch oder ein Objekt sich als *bizarre* bestimmen lässt, bedarf es zunächst einer Dekontextualisierung aus seinem Umfeld, indem es als ‚normal' erachtet wird (ebd.:13). Um es als „curieux" oder „d'anormal" bezeichnen zu können, muss es in den Kontext unserer Gesellschaft gesetzt werden, um einen Vergleich herzustellen. Dieser Vorgang wird als „exotisation" bezeichnet und bedeutet einen Kontextwechsel.

Dieser Fakt trifft nicht nur auf Objekte zu, sondern lässt sich ebenso auf Charakteristika anwenden. Während die Werte „de l'ici" die Norm bilden, repräsentieren die Werte der in der Ferne liegenden Länder eine Abweichung von der Norm beziehungsweise „des excès ou des déficits, des exceptions, des scandales" (ebd.:10).

> (…) seul l'Occident est parvenu à imposer ses valeurs et sa puissance avec une telle efficacité, sur une telle échelle et sur un pareil laps de temps: le phénomène est sans precedent et sans équivalent. Il est assez réaliste de présenter le point de vue occidental comme ayant une valeur et une portée universelle – pour le meilleur ou le pire.

An dieser Stelle macht Staszac deutlich, dass der Westen vorgibt, was als Norm gilt.

Die Abgrenzung lässt sich zwangsläufig zunächst aufgrund der geographischen Distanz erklären, da häufig mehrere Tausende Kilometer zwischen den Ländern liegen und infolgedessen die in der Ferne liegenden Länder daher häufig weniger bekannt sind (ebd.:11)[3]. Dadurch ergibt sich eine räumliche Abgrenzung und eine „définition spatiale des groupes" (ebd.:12).

Der *exotisme* markiert eine *altérité*, die von einer dominierenden Gruppe konstruiert wird. „Un endogroupe dominant construit un exogroupe dominé, en stigmatisant une différence – réele ou imaginaire -, érigée en déni identitaire et motif de discrimination potentielle" (ebd.:13). Todorov (1989: 297) fügt den Aspekt der Idealisierung des Exotismus an. "L'exotisme est moins la description d'un réel que la formulation d'un idéal." Dem *d'ailleurs* werden Werte und Normen zugeschrieben, die

---

[3] „Nos terres inconnues" zeigt die Grenzen dieser These auf, da es sich bei dieser Sendung, um dasselbe wie in dieser Arbeit analysierte Format handelt, allerdings werden dabei Regionen bereist, die sich in Frankreich befinden. Nichtsdestotrotz ergeben Abgrenzungen dieser Art (vgl. Porra 2018).

für *Nous* im Westen als anders und als fremd gelten und mehr der Fiktion als der Realität entsprechen.

Nichtsdestotrotz ist das Wort *exotisme* positiv konnotiert, da ein gewisser Anreiz besteht, das Fremde und seltsame kennenzulernen. „Alors que l'exotisme renvoie a l'étrange et a l'autre, ses connotations sont curieusement positives" (Staszac 2008: 14). Als Konsequenz erscheint ein exotischer Ort zunächst anziehend und interessant für Touristen. Todorov (1989: 377) zeigt in diesem Zusammenhang die verschiedenen Typen der Reisenden auf, da nicht alle dieselben Intentionen beziehungsweise dieselben Interessen verfolgen.

Die positive Konnotation des Begriffs wirft die Frage auf „[d]e quoi procede le plaisir exotique et sur quoi porte-t-il au juste (Staszac 2008: 8)? Folgt man Staszac, ist der "exotisme [...] aimable, il ne doit pas faire peur ou interroger (ebd.:14), aber „tout comme l'exotisme manifeste un goût pour l'ailleurs superficiel, réduire aux aspects anodins de celui-ci, le dégout de l'ici et une lassitude bien plus qu'une remise en cause" (ebd.:15). Das Andere ist also anziehend und faszinierend und der Wunsch es kennenzulernen ist groß, aber keineswegs „sans se départir des privilèges inhérents à l'ici" (ebd.:15). Die Touristen täuschen in erster Linie vor, Orte zu besichtigen, an die andere Touristen nicht gehen und dies in der Absicht, sich von anderen Reisenden abzuheben. „Le touriste, c'est toujours l'autre" (ebd.:17), man selbst will keiner sein. „Un lieu touristique n'est plus un lieu qui présente suffisamment d'attrait pour attirer les touristes : c'est un site trop fréquenté qui a perdu son authenticité et ne mérite plus le detour" (ebd.:17). „Point d'exotisme non plus quand le monde a été parcouru de part en part, que tout en est connu et que plus rien n'y est vraiment étrange." Trotz des Gefühls bereits alles bereist beziehungsweise durch die Verbreitung der modernen Medien gesehen zu haben, macht der Anstieg der transatlantischen Reisen deutlich, dass es einen so hohen „goût de l'exotisme" (ebd.:18) gibt wie nie zuvor. Affergan (1987: 103) bezeichnet diesen allerdings als „pseudo-exotisme", der sich in der Aktualität zeigt. Dieser weist dieselben Eigenschaften auf wie der „exotisme orginal", jedoch in veränderter Form.

Es zeigt sich also deutlich, dass die Globalisierung nicht zu einem Abschwächen des Exotismus führte oder gar zu seinem Verschwinden beigetragen hätte – im Gegenteil. Die bereits durch Medien gesehenen Orte führen zu einem Abbau der Angst vor dem Exotischen und beim reellen Besuch dieses Ortes oder Objekts erscheint es wie ein Wiedersehen (Staszac 2008: 18).

Aufgrund der hohen Anziehung des Exotischen und der durchweg positiven Konnotation des Wortes, gibt es Fernsehformate, die sich auf diese Reise in exotische Länder begeben, um dort ‚authentische' Familie zu treffen. Dabei handelt es sich um das Genre der *téléréalité*. Für die Analyse der Sendung „Rendez-vous en terre inconnue" ist es maßgeblich zu verstehen, was genau unter dem Genre der *téléréalité* zu verstehen ist, wie es sich historisch entwickelte und welchen Techniken es sich bedient. Dies wird im Folgenden Kapitel dargestellt.

4. Die *téléréalité* - Eine Grenzübertretung zwischen Realität und Fiktion

Der Ausdruck "reality TV" ist eine "raccourci", um ein „divertissement télévisuel" zu beschreiben, das aus diversen anderen Typen von Sendungen entstanden ist, unter anderem aus Dokumentationen oder der versteckten Kamera" (Dupont 2007: 269). Die erste *reality show* wurde auf dem amerikanischen Sender Broadcasting System im Jahr 1972 ausgestrahlt. In ihrem Fokus stand eine weiße, durchschnittliche amerikanische Familie. Über 10 Millionen Zuschauer observierten das Leben der dargestellten Familie. Die Sendung wird als ein „expérience de nature sociologique" angesehen. Trotz des Misserfolgs dieses ersten Versuchs, forderten Kritiker die Einführung weitere Sendungen dieser Art, da „la télévision va s'intéresser a la vraie vie" (ebd.: 269). Seit geraumer Zeit zieht die *téléréaltité* eine Vielzahl an Menschen vor den Bildschirm. Vor diesem Hintergrund stellt sich die Frage, welche Eigenschaften dieses Genre für die Zuschauer*innen so faszinierend macht. Dupont (ebd.: 267) beschreibt die *téléréalité* als „le fruit d'une lente évolution."

Fishman (1998: 3) erachtt es prinzipiell als schwierig die *téléréalité* zu charakterisieren, da sie sich zwischen „Realität und Fiktion" einordnen lässt. Die Intelektuellen betrachten sie als „désert culturel" (Dupont 2007: 268) und sprechen sich damit deutlich gegen dieses Genre aus. Nichtsdestotrotz spricht der Erfolg für sich. Vor allem die Sender profitieren aus wirtschaftlicher Sicht, da die Einschaltquote weitaus höher ist als bei anderen Genres.

Insgesamt lassen sich drei Generationen von der *téléréalité* bestimmen. Die erste lässt sich auf den Zeitraum von 1980-1989 datieren. Im Jahr 1980 entstand die *téléréalité*, wie sie in der heutigen Zeit bekannt ist. Die Entstehung lässt sich unter anderem auf die Umstrukturierung des Fernsehprogramms zurückführen. Im Rahmen dieser entstanden sowohl neue Fernsehsender als auch neue Genres. Die erste Generation der *téléréalité* „empruntes a la fiction, au documentaire, a la série dramatique et au cinéma vérité" hinzu kommt ein „touche de spectaculaire" (ebd.: 270).

Mit Beginn der 90er Jahre begann die zweite Generation der *téléréalité*, unter anderem auf Grund der Internationalisierung dieses Genres. Vor allem finanzielle Absichten standen im Fokus bei der Übernahme des Genres nach Europa. Joop van Ende und John de Mol etablierten im Jahr 1994 einen neuen Typ des Genres, der sich insgesamt auf vier Aspekte fokussierte. Erstens einen „environnement dénudé", zweitens ein „systeme d'élimination, drittens werden „taches edictées" in die Show eingebettet und als letztes und viertes Charakteristikum der téléréalité bedarf es einen „confessional", der den Zuschauer*innen einen Zugang zu den Gedanken und zu den Gefühlen der Teilnehmer*innen ermöglicht (Dupont 2007: 272).

Die dritte Generation datiert auf das Jahr 1997 und lässt sich bis heute in dieser Art und Weise vorfinden. „Cette troisième génération de la téléréalité n'observe plus la réalité, elle la génère" (ebd. :275). Um dieses Ziel zu erreichen, werden unterschiedliche Techniken genutzt, beispielsweise Schulterkameras oder Montage (vgl. ebd. : 275).

Prinzipiell lassen sich zwei Typen unterscheiden: entweder wird ein fiktiver Drehort geschaffen, oder Menschen werden in ihrem gewohnten Umfeld observiert.

Inwiefern die *téléréalité* fiktiv ist oder die Realität abbildet beantwortet Dupont damit, dass es ihr Ziel sei, dem Zuschauer „un divertissement à partir du réel" zu bieten. Ingesamt verfolge sie das Ziel, „mettre en scène de l'ambigüité de la vérité" (ebd.: 277). Nichtsdestotrotz kommt Dupont (2007: 277) zum Ergebnis, dass die *téléréalité* von heute nicht viel mit der Realität verbindet.

Die Observierung steht im Mittelpunkt und „(…), la téléréalité est fondée sur l'exhibitionnisme. Des gens acceptant d'être vus par des millions de téléspectateurs" (ebd.).

Der essenziellste Unterschied zu anderen Formaten ist, dass es darum geht „des gens ordinaires" in den Fokus zu setzen und keine bekannten Persönlichkeiten (vgl. ebd.: 271). Dupont vertritt die Meinung, dass „il ne nécessite pas a priori de scénarisation élaborée et d'acteurs connus" (ebd.: 271).

Die Auflösung von klaren Genregrenzen und die Flexibilität von der *téléréalité*, die sowohl Dupont als auch Mikos (2008: 270ff.) aufzeigen, produzieren Formate, die sehr unterschiedlich aussehen können. Dupont (2007: 270) bezeichnet dieses Phänomen als „*genre hybride*". Das zeigt sich auch in der im Folgenden analysierten Sendung „*rendez-vous en terre inconnue.*" Nicht alle hier aufgezählten Charakteristika lassen sich daher auch in dieser Sendung wiederfinden, nichtsdestotrotz handelt es sich dennoch um ein Genre der *téléréalité*. Die Schwierigkeit solcher Subgenres ist es, dass sie prinzipiell vorgeben, die Realität abzubilden wie in diesem Fall im Rahmen einer Dokumentation

und dass es dadurch zu einem „undeutlichen Realitätsbezug" kommt (Klaus 2006: 13).
Inwiefern es zu einer Vermischung von Realität und Fiktion bei der Sendung „Rendez-vous en terre inconnue" kommt und infolgedessen einerseits eine Reduktion der Andersartigkeit und andererseits eine Idealisierung der Andersartigkeit geschaffen wird, zeigt sich in den folgenden Kapiteln.

5. Mise en scène de l'altérité

Die Reise von Nawell Madani und Raphaël de Casabianca beginnt zunächst in der Hauptstadt der Mongolei. Somit wird ein erster Kontrast zwischen dem Leben auf dem Land und dem Leben in der Stadt dem Zuschauer verdeutlicht und vermittelt zuerst einen Eindruck von Modernität, bevor im Anschluss das traditionelle Leben dargestellt wird. Kurz vor Ende der Folge kehren Raphaël de Casabianca und Nawell Madani gemeinsam mit den Gastgebern*innen zurück in die Stadt, um ihre Ware zum Händler zu bringen. Der Besuch in der Stadt zum Abschluss stellt einen Rahmen für die gesamte Handlung dar, um den Kontrast zwischen Modernität und Tradition darzustellen. Wie sich im ersten Teil dieser Arbeit gezeigt hat, dienen diese Art von Einteilungen dazu andere Kulturen in gewisse Stereotype einzuteilen, um ihnen eine untergeordnete Rolle zuzuordnen. Dieser Rahmen wird durch weitere Aspekte ergänzt. Im Folgenden wird der erste Punkt, die verwendete Sprache, analysiert.

5.1 Sprachliche Aspekte

Im Rahmen der Sendung spielt die Sprache beziehungsweise die Ausdruckweise der Humoristen, Nawell Madani, und ihrem Begleiter, eine entscheidende Rolle bei der der *Mise en scène de l'altérité*. Die verwendete Sprache gibt Aufschluss darüber, wie sie die Reise wahrnehmen beziehungsweise wie real die Entdeckungsreise dargestellt ist. Auffällig ist die Häufigkeit der Verwendung des Ausdrucks *incroyable*, auf den diese Arbeit als erstes eingeht. In dem Moment, als die Humoristin vom Ziel ihrer Reise durch den Produzenten erfährt, fällt dieser Ausdruck zum ersten Mal. An dieser Stelle wird er verwendet, um zu verdeutlichen, wie außergewöhnlich das ausgewählte Reiseziel ist, weswegen er nicht als besonders auffällig erscheint. Einige Sequenzen später, bei Ankunft in der Mongolei, fällt die Häufigkeit des Wortes allerdings auf. Die Humoristin bedient sich dem Ausdruck sieben Mal binnen sieben Minuten. [4] In Minute 00:28:40 nimmt die Humoristin selbst vorweg, dass ihr nicht anderes einfalle zu sagen als

---

[4] In Minute 00:21:34, 00:25:46, 00:26:07, 00:26:31, 00:27:12, sowie in Minute 00:28:34 und in Minute 00:28:40.

incroyable. Die redundante Verwendung dieses Ausdrucks produziert eine *perte de réalité* und grenzt das Bekannte deutlich vom Unbekannten ab. Sie verdeutlicht durch den Ausdruck, dass die Erlebnisse und Eindrücke unbekannt sind und als zuvor fremd galten. Dadurch vermittelt sie den Eindruck der Besonderheit des Ortes und schafft eine deutliche Andersartigkeit des Ortes und der Ereignisse. Zudem bedient sie sich zur Verdeutlichung weiterer Begriffe dieser Art, beispielsweise *magnifique, génial* und *féerique.*

Einen weiteren Satz, der ihr Erstaunen über die Familie deutlich macht, ist *Je suis impressionée (...).* Beispielsweise in Minute 00:53:11 verwendet sie einleitend diesen Ausdruck, um im Anschluss die Stärke der Mädchen für ihr Alter hervorzuheben. In dieser Szene erzeugt sie einen erkennbaren Unterschied zwischen den zwei Kulturen, da sie die Arbeit der Mädchen als schwerer einordnet als die ihr bekannte Arbeit. Derselbe Aspekt wird zu einem späteren Zeitpunkt in einem anderen Kontext noch einmal aufgegriffen. An dieser Stelle führen diese Aussagen zu einer Produktion der Andersartigkeit und ihre eigene Kultur aus ihrem *point de vue* als angenehmer und komfortabler darzustellen als die der Mongolen. Aus dem *point de vue* der Mädchen ist die Mithilfe bei der Arbeit als ‚normal' anzusehen und stellt keine außergewöhnliche Leistung dar. Es ist Teil ihrer Kultur ihre Familie bei der Arbeit zu unterstützen, um so den Lebensunterhalt der Familie zu sichern. Erst durch die Gegenüberstellung von Nawell Madanis Vorstellungen von Kindheit, wird eine Andersartigkeit des Lebens der Mädchen produziert. Eine andere mongolische Familie würde vermutlich die Arbeit beziehungsweise die Mithilfe der Kinder nicht in Frage stellen. Nawell Madani vollzieht an dieser Stelle eine „Dekontextualisierung"[5] der Lebensumstände, was die zuvor dargelegten Konsequenzen zur Folge hat. Auch Raphaël de Casabianca bedient sich dem Ausdruck *Je suis impresioné (...)*, beispielsweise in Minute 01:39:05, um sein Erstaunen über die Familie auszudrücken. In dieser Szene geht es um das Aufbauen der Zelte der Familie, woraufhin die Gastgeberin erwidert, dass sie daran gewöhnt sei und dass es einen Teil ihres Lebens darstelle. Hier zeigt sich, dass es für sie nichts Außergewöhnliches darstellt, sondern die Gewohnheit repräsentiert.

Einen weiteren Aspekt der Sprache, stellen suggestive Fragen seitens der Reisenden an die Gastgeber*innen dar. Beispielsweise fragt Nawell Madani zu Anfang, ob die Kälte den Mongolen nichts ausmache. Die Frage, die sich bei solcher Art von Fragen stellt, ist welche Antwort sie erwartet. Es handelt sich also vielmehr um Fragen,

---

[5] Vgl. Kapitel 3.

bei denen die Antwort bereits gegeben scheint, sie aber nichtsdestotrotz gestellt werden und somit zu einer Produktion der Andersartigkeit führt.

5.2 Lebensumstände

An einigen Stellen werden die in der Sendung aufeinandertreffenden Welten offen thematisiert und die Differenzen zwischen „Nous et les autres" werden offen kommuniziert. In Minute 00:27:19 beginnt die Tochter des Gastgebers den Produzenten Raphaël de Casabianca bezüglich der Unterschiede der zwei Länder auszufragen. Es folgt eine Darstellung der Differenzen zwischen den beiden Landschaften, indem er auf die unendliche Natur der Mongolei eingeht und das damit verbundene Freiheitsgefühl. *C'est tellement différent de chez nous*[6], was laut seiner Aussage die Strapazen der Reise als Vergessen erscheinen lässt. Mit dieser Aussage differenziert er deutlich zwischen den zwei Ländern und macht das Fremde somit als solches deutlich. Nichtsdestotrotz wird das Fremde als nichts Negatives dargestellt, sondern vielmehr als etwas Positives, was ein Freiheitsgefühl in ihm auslöst. Eine ähnliche Situation erfolgt in Minute 01:00:00 bis 01:01:54, da Nawel auf Nachfrage des Gastgebers beantworten soll, wie sie das Leben mit ihnen bis zu diesem Augenblick empfunden hat. Sie ordnet die Arbeit und das Leben als besonders hart ein, aber verdeutlicht gleichzeitig, wie beeindruckt sie von der Art des Lebens ist. Es erfolgt dadurch eine klare Abgrenzung zu dem Leben auf dem Land in der Fremde, was darauf schließen lässt, dass das Leben im Westen weniger schwierig ist. Diese Observationen lassen sich auf Todorovs Theorie anwenden, da die Humoristin an dieser Stelle ihr eigene Lebenssituation über die der Mongolei stellt und dies aufgrund der weniger harten Lebensumstände. Nichtsdestotrotz bestätigt sich auch Staszacs Theorie, dass der *exotsime* durchaus positiv konnotiert ist.

Ein weiterer Aspekt der explizit gemacht wird, ist die Schlaf – und Wohnsituationen der Gastgeber*innen. Für Nawell Madani und Raphaël de Casabianca ist es erstaunlich, dass die gesamte Familie gemeinsam in einer *Yourte* schläft, wie sich in Minute 00:32:40 zeigt. An dieser Stelle erfolgt ebenfalls eine Abgrenzung zwischen dem „Nous et les Autres". Die Besonderheit, dass die gesamte Familie in einer Hütte schläft, erscheint nur insofern als außergewöhnlich, dass es aus dem *point de vue* der Besucher*in dargestellt und von ihnen thematisiert wird. Die Gastgeber*innen sind an das gemeinsame Schlafen und Wohnen in einer *Yourte* gewohnt und es gilt innerhalb ihrer Kultur als Norm, mit der gesamten Familie in einer *Yourte* zu schlafen. Auf diese

---

[6] Raphaël de Casabianca in Minute 00:27:32.

Art und Weise grenzen sich die Humoristin und ihr Begleiter deutlich von den Gegebenheiten der Anderen ab und stellen ihre eigenen Lebensumstände über die der Anderen. Eine Andersartigkeit wird also nur geschaffen, da das Eigene vom Fremden differenziert wird. Die Antwort des Gastgebers bezüglich der Schlafsituation, kommentiert die Humoristen mit einem *okay*[7], in einer Stimmlage, die eher ängstlich klingt als freudig.

Insgesamt hat sich gezeigt, dass das Zusammenspiel von der verwendeten Sprache und die offene Thematisierung und Differenzierung des Eigenen und des Fremden eine Andersartigkeit produziert. Die Fingierung der Gespräche und Techniken der *téléréalité* unterstützen diese Vermittlung. Ein weiterer Aspekt, der sich bei der Sendung offenbart, ist die Darstellung einer idealisierten Realität und die damit einhergehende Reduktion der Andersartigkeit, die im Folgenden betrachtet werden soll.

6. Idealisierte Realität: Reduktion der Andersartigkeit

Erste Eindrücke über eine idealisierte Realität der Sendung vermittelt bereits das Intro der Sendung. In diesem zeigen sich verschiedene Ausschnitte aus diversen Reisen, untermalt von einer Titelmusik, die es sich zum Ziel macht, Spannung zu erzeugen. Der Fokus wird dabei vor allem auf Erlebnisse gelegt, die die Schauspieler*innen auf ihren Reisen in den jeweiligen Ländern sammeln. Zudem wird die Nähe visualisiert, die zwischen den Einwohner*innen und den Besucher*innen herrscht, untermalt wird diese durch das Lächeln der Darsteller*innen, einen Aspekt, der sich in allen Folgen der Sendung wiederfinden lässt.

Einen ersten Analysepunkt der idealisierten Darstellung der Reise in die Mongolei repräsentiert der Wechsel zwischen Momenten des Glücks und der Freude zu Momenten der Panik. Dieser wird innerhalb weniger Sekunden vollzogen. In dem Abschnitt von Minute 00:18:48 bis Minute 00:19:17 scheint für die beiden Reisenden alles perfekt zu sein, was sich auf das Lächeln der beiden Darsteller*innen und das Austauschen eines Kusses der beiden schließen lässt. Das Bedanken der Humoristen untermalt die Gefühlslage dieser Szene.

Nur wenige Sekunden später erfolgt ein Wandel der Gefühle. In Minute 00:19:18 beginnt Nawell Madani über ihre Ängste und Gefühle zu sprechen, wodurch die Reise in einem anderen Licht dargestellt wird. Wiederum einige Sekunden später beginnt der Produzent, Raphaël de Casabianca, zu erzählen, wer die beiden in Empfang nehmen wird

---

[7] Die Antwort erfolgt in Minute 00:32:50.

und jegliche Zweifel seitens der Humoristen scheinen beseitigt zu sein. Dieser sprunghafte Wechsel zwischen den Gefühlslagen der Humoristen erscheint realitätsfern und nur wenig authentisch. Er vermittelt den Zuschauer*innen zwar kurzweilig einen Einblick in die Gefühlslage der Darstellerin[8], aber durch den abrupten Wechsel erscheint dieser bei genauerem Hinsehen nur wenig real. Auf dieser Grundlage folgt diese Arbeit der These, dass er vielmehr der Darstellung einer idealisierten Welt dient, da die Momente des Glücks überwiegen sollen.

Ein weiterer Wechsel dieser Art lässt sich nur wenige Minuten später in der Folge observieren. Die Humoristen fühlt sich nicht gut und drückt dies mit dem Satz *J'ai envie de vomir* aus, was zudem mit einem Wechsel der Musik untermalt wird. Ihr Unwohlsein wird durch den Gastgeber auf die Höhe des Gebietes zurückgeführt und die fehlende Gewöhnung daran. Die Szene findet in Minute 00:25:00 bis 00:25:30 statt, bevor in Minute 00:25:31 ein sprunghafter Wechsel zur Besserung ihres Gesundheitsstandes erfolgt. Dieser ist gefolgt von mehreren Komplimenten für die Kinder der Gastgeber. Diese Beobachtungen lassen sich auf Todorovs (1989: 297) Theorien beziehen, die im ersten Teil der Arbeit dargelegt wurden. Der *exotisme* gleicht mehr der Beschreibung eines Ideals. Dementsprechend lässt sich der sprunghafte Wechsel der Gefühlslage als Fiktion beschreiben, der in dieser Form nicht der Realität entsprechen kann, aber für die Zuschauer*innen fingiert wird, um eine Idealisierung der Gegebenheiten darzustellen und Spannung für den Zuschauer zu schaffen.

Eine Szene, die die Reduktion der Andersartigkeit deutlich macht, zeigt sich in Minute 00:25:46 bis 00:25:52. Der Gastgeber sagt aus, dass nach einer Eingewöhnungsphase die Kälte der Humoristin nichts mehr ausmachen würde, genau wie sie ihnen selbst nichts ausmacht. An dieser Stelle erfolgt eine Gleichsetzung der beiden aufeinandertreffenden Kulturen, die die gleichen Empfindungen bezüglich der extremen Situation des Wetters haben. Insgesamt wird das Wortfeld *habituer* häufig verwendet, was eine Vermittlung der Gleichstellung zur Folge hat. Alle Unterschiede scheinen somit nur eine Frage der Gewöhnung zu sein.

An dieser Stelle eignet sich auch nochmal die Wiedergabe eines Zitats aus dem ersten Teil der Arbeit. Laut Staszac ist der „exotisme (…) aimable, il ne doit pas faire peur ou interroger." Auf Nachfrage des Gastgebers, ob Nawell Angst vor dem Leben der Familie habe, bejaht sie die Frage zwar, aber sagt im selben Moment auch, dass sie aufgeregt sei und spielt somit den Aspekt der Angst herunter. Vor diesem Hintergrund

---

[8] Die Vermittlung der Gefühlslage der Darsteller*innen stellt, wie im Theorieteil dargelegt, einen Aspekt der *téléréalité* dar.

erachtet sich Staszacs Theorie als passend, dass der *exotisme* keine Angst machen sollte. Zudem ergänzt sie, dass sie die Situation der Familie an ihre eigene erinnert, was ebenfalls eine Gleichstellung der zwei Kulturen zur Folge hat. Ob sich zwei Menschen nahe oder gleichgestellt sind, zeigt sich allerdings nicht nur durch Worte, sondern auch durch Nähe und Distanz. Dieses Verhältnis wird im folgenden Kapitel analysiert.

6.1 Nähe-Distanz Verhältnis

Auf der einen Seite lässt sich eine besondere Nähe und Zuneigung zwischen den Einheimischen oberservieren und auf der anderen Seite aber auch zwischen den Reisenden und den Gastgeber*innen. Insgesamt wird ein großer Fokus auf den Austausch von Zärtlichkeiten gelegt. Observiert man die Zuneigung innerhalb der Gastgeber ist auffällig, dass sich jeder um das Wohl des anderen sorgt. Beispielsweise in Minute 00:30:42 umarmen sich die zwei Schwestern, was durch die Führung der Kamera in den Fokus gerückt wird. Nur kurze Augenblicke später reibt die Gastgeberin ihren Mann mit einem Öl ein, um sein Gesicht vor der Kälte zu schützen. Eine Technik der *téléréalité* für die Produktion der Realität ist laut Dupont (2007) die Montage. An dieser Stelle ist es auffällig, dass kurz nach den zärtlichen Aufnahmen der Mädchen, die Gastgeberin ihren Mann umsorgt. Vermutlich wurden durch Montage diese beiden Szenen zusammengeschnitten, um die Fürsorge und Hingabe innerhalb der Familie zu untermalen. Eine weitere Aufnahme der besonderen Fürsorge zeigt sich in Minute 00:34:46, in der die zwei Geschwister sich gegenseitig füttern.

Die Zuneigung zwischen den Einheimischen erweist sich im Vergleich zu den Zärtlichkeiten zwischen den Gastgeber*innen und den Reisenden nicht als überaus unangebracht, nur dessen Inszenierung und Fokussierung ist dabei auffällig. Eine Idealisierung beziehungsweise eine Fingierung des Nähe-Distanz Verhältnisses lässt sich aber besonders zwischen Nawell Madani und den Einheimischen beobachten. Ist die Begrüßung in Minute 00:22:00 noch zurückhaltender mit den Händen, so ist bei Ankunft in der *Yourte* die Distanz nicht mehr vorhanden. Beispielsweise in Minute 00:32:35 streichelt Nawel Madani der Tochter durchs Gesicht, obwohl sie sich an dieser Stelle erst einige Minuten kennen. Zudem wird durch die Kameraführung das Streicheln fokussiert, um diesen Akt in den Vordergrund zu heben. Besonders fällt der Kontakt zwischen Nawell Madani und den Kindern auf. In Minute 00:34:40 beispielsweise umarmt sie eine der Töchter und eine Minute später hält sie eins der Kinder in den Armen. Eine Vielzahl dieser Situationen lassen sich im Laufe des Aufenthaltes observieren, so beispielsweise in Minute 00:58:43, in der sie eine Tochter umarmt, küsst und sich zusätzlich bedankt. Diese extreme Nähe dient der Reduktion der Andersartigkeit und versucht dem Zuschauer zu vermitteln, dass es keine Distanz zwischen den Kulturen gibt. Bei genauerem Hinsehen, fällt allerdings auf, dass der Fokus auf die Nähe vor allem durch die Kamera- Visualisierung zustande kommt. Teilweise fokussiert die Kamera eine Umarmung oder ein Händchenhalten zwischen Nawell Madani und den Kindern, obwohl sich Raphaël de Casabianca währenddessen mit dem Vater der Kinder unterhält. Dabei handelt es sich um eine Technik, die der Inszenierung der Show dient und zu einer Reduktion der Andersartigkeit führt. Wie sich im Theorieteil herausgestellt hat, observiert die dritte Generation der *téléréalité* nicht die Realität, sondern generiert sie selbst. Es wird an dieser Stelle deutlich, dass der enge Kontakt zwischen den Darsteller*innen und den Gastgeber*innen keineswegs der Realität entsprechen kann, sondern den Zuschauern eine heile Welt vorspielen soll, die in dieser Art und Weise nicht existiert. Unterstützt wird der Austausch von Zärtlichkeiten von den diversen Komplimenten von Nawell Madani an die Kinder der Familie. Während des gesamten Aufenthalts schwärmt sie von ihnen. Dies zeigt sich auch in Gesprächen mit ihrem Reisepartner über die Familie. In diesen bezeichnet die Kinder mehr als einmal als *mignon*[9] und bezieht sich dabei auf ihr Lächeln und auf ihre Art und Weise. Ein weiteres dieser Gespräche findet direkt zu Anfang auf dem Weg in die *Yourte* statt. In Minute 00:27:10 sagt Nawell Madani zu ihrem Begleiter *ils sont trop gentils,* obwohl sie an dieser Stelle die Familie erst seit einigen Momenten kennt, übt sie schon diese Art von Komplimenten aus. Bis hierhin konnte die Arbeit zeigen, dass eine extreme Nähe zwischen den Reisenden und den Gastgeber*innen vor allem durch verschiedene Techniken der *téléréalité* inszeniert wird, um den Zuschauern*innen eine Welt zu fingieren, in der der *exotisme* keine Angst machen soll, sondern etwas Positives und Schönes darstellt. In dem letzten Teil der Analyse soll nun das „Drumherum" der Sendung analysiert werden, um ein differenziertes Bild der Gesamtsituation zu erhalten.

6.2 Eine Reise ohne Hindernisse: Fiktion des spontanen Kontaktes

Folgt man Frédéric Lopez Aussagen, war es sein Ziel eine Sendung zu kreieren, um die Angst vor den Anderen zu reduzieren beziehungsweise das Andere (Fremde) für jeden greifbar zu machen. Fraglich ist es, nach der bisherigen Analyse, wie glaubhaft die

---

[9] In Minute 00:37:56 bis 00:38:04 schlafen die Gastgeber*innen bereits und Nawell Madani spricht mit Raphaël de Casabianca über ihre Eindrücke.

Sendung ist, beziehungsweise inwiefern das Ziel von Lopez erreicht wurde. Im Folgenden sollen auf Grundlage von Interviews der Wahrheitsgehalt der Darstellung der Anderen überprüft werden.

Lionel Gauthier, Assistent an der Genfer Universität, veröffentlicht im Jahr 2010 einen Artikel über den Kontrast des Realen und der Fiktion in der Sendung. Der Artikel basiere auf den Aussagen von José, der sich im Anschluss an die Dreharbeiten einer Sendung an die Universität wendet, um von seinen Eindrücken und Erlebnissen zu berichten. Insgesamt lassen sich nur eine geringe Anzahl an Quellen auffinden, die die Glaubhaftigkeit von den Begegnungen in Frage stelle. Es kursieren vermehrt Interviews von Frédéric Lopez oder zuletzt von Raphaël de Casabianca, die die Echtheit und die Intensität der Begegnungen unterstreichen.

„Ainsi, pour que les Chipayas soient crédibles, la production insista pour que ceux-ci portent leurs vêtements traditionnels, normalement réservés aux jours de fête, pour toute la durée du tournage, même lors de travaux salissants " (Gauthier 2010).

Dieses Zitat aus dem Interview zwischen Gauthier und José zeigt deutlich, dass das es das primäre Ziel der Sendung ist, ein Stereotyp darzustellen, um dem Zuschauer sein festverankertes Bild zu erfüllen. Der theoretische Teil dieser Arbeit hat gezeigt, dass die Stereotypen dazu dienen, eine deutliche Abgrenzung zwischen dem Eigenen und dem Fremden zu schaffen. Demzufolge würde Kleidung, wie sie im Westen vorzufinden ist, nicht der Produktion der Andersartigkeit dienen. Infolgedessen ist es notwendig an dieser Stelle von der Realität abzuweichen, um das exotische als solches aufrechtzuerhalten und dem Zuschauer ein möglichst ‚authentisches' Bild zu vermitteln. In der in dieser Arbeit analysierten Sendung in der Mongolei, liegt der Fokus weniger auf stereotypischer Kleidung, nichtsdestotrotz lassen sich ebenso eine Vielzahl von stereotypischen Aspekten feststellen, um eine möglichst authentische Welt vor der Kamera zu kreieren. So wird beispielsweise in Minute 00:31:03 ein Mittel auf das Gesicht verrieben, um die Haut gegen die Kälte zu schützen. Ob dieses Ritual auf diese Art und Weise in der begleiteten Familie in dieser Form vollzogen wird oder nur der Aufrechterhaltung des Stereotypen dient, bleibt fraglich. Weitere dieser Aspekte lassen sich in der Folge der Sendung finden, aber würden den Rahmen dieser Analyse sprengen.

Folgt man den Aussagen von José weiter ist der „décor essentiel" (Gauthier 2010), damit ein Volk isoliert dargestellt wird. Vor allem alle Aspekte der Modernität müssen eliminiert werden, um den *exotisme* deutlich werden zu lassen. Damit wird die Oppositionen erfüllt zwischen modern und traditionell, um ihnen infolgedessen eine untergeordnete Rolle zukommen zulassen. Da eine Vermischung keine Möglichkeit darstellt, müssen an dieser Stelle Elemente der Fiktion eingefügt werden, um den *exotisme* darzustellen.

Ein weiterer Aspekt stellt die große Bandbreite von Erlebnissen und Aktivitäten während des Aufenthaltes der Besucher*innen dar. Es wird eine Teilnahme am Arbeitsleben dargestellt, aber auch ernste Gespräche sind Teil des Erlebnisses. Das Bild, welches sie dadurch schaffen, ist das eines „peubles primitivs, vivant dans une sorte d'état de nature qui rappelle le mythe du von sauvage." (Gauthier 2010) Sie erscheinen dadurch als untergeordnet und erfüllen dadurch das Bild der Zuschauer*innen.

Gauthier fügt an, dass „Ce qui pose problème, c'est qu'en tant que documentaire, l'émission bénéficie d'un effet de réel qui invite les téléspectateurs à assimiler à la réalité ce qu'ils voient à l'écran" (ebd.).

Anhand dieses Zitats wird deutlich, dass es sich bei „Rendez-vous en terre inconnue" nicht um eine reine *reality show* handelt, sondern, dass es den Ruf einer Dokumentation genießt. Nichtsdestotrotz kommt diese Arbeit zum Ziel, auch aufgrund der Ergebnisse im ersten Teil der Arbeit, dass die *téléréalité* ein „genre hybride" darstellt. Infolgedessen gibt es verschiedene Formen der *téléréalité*, die vor allem den Zuschauer*innen durch verschieden Techniken das bietet, was sie erwarten. Durchaus gibt es mehrere Aspekte, die als real gelten, aber gefüttert mit inszenierten Aspekten.

Wie im ersten Teil dieser Arbeit dargestellt, ist die Lust das exotische kennenzulernen größer denn je, nichtsdestotrotz möchte man seine Privilegien währenddessen nicht ablegen. In einem Interview mit Nawell Madani sagt sie aus, dass während der Dreharbeiten ein Arzt als Teil des Teams vertreten war (Ouadhi 2020). Daraus resultiert, dass der Wunsch zwar da ist, die Familie in der Mongolei zu besuchen und mit ihnen einen Zeitraum zu leben, aber nicht ohne den Luxus unter anderem einen Arzt als permanenter Begleiter dabei zu haben. Ein weiteres Beispiel, welches diese These stützt, zeigt sich in einem Interview mit Frédéric Lopez, das in der französischen Zeitung Lefigaro veröffentlich wurde. Indem er offen gesteht, dass sie als Besucher*innen nicht dieselbe Nahrung zu sich nehmen, wie ihre Gastgeber*innen, sondern jederzeit einen gesonderten Zugang zu mitgebrachten Lebensmitteln haben (Lecoeuvre 2017). Diese Tatsache stützt ebenso die zuvor dargestellte These, dass man sehr wohl am Exotischen interessiert ist, aber keinesfalls auf seine Privilegien verzichten möchte. Im Rahmen der Sendung wird dem Zuschauer ein anderes Bild bezüglich der Nahrungsaufnahme vermittelt. Bei Ankunft von Nawell Madani und Raphaël de

Casabianca werden sie von ihren Gastgeber*innen mit Essen verköstigt[10], was vermutlich eher der Erfüllung von Stereotypen dient und weniger dem Stillen von Hunger. Des Weiteren geht aus dem Interview hervor, dass auch andere Privilegien, wie beispielsweise der Zugang zu Trinkwasser den Besucher*innen zugestanden wird – vor allem um medizinische Zwischenfälle vorzubeugen.

Insgesamt zeigt sich in diversen Interviews mit den Darsteller*innen und Begleiter*innen, dass die Vorbereitungen der Reise und der gesamte Dreh komplexer erscheinen, als es den Zuschauer*innen gezeigt wird und die Sendung vermittelt. Dies bekräftigt allerdings deutlich den Fakt, dass es sich um eine Art von *téléréalité* handelt, die zwar vorgibt das wahre und reale Leben einer Familie zu begleiten, dies aber zwangsläufig nur in gewissen Maßen tut, um den Erwartungen des Zuschauers gerecht zu werden und die zuvor analysierten Aspekte hervorzuheben.

7. Fazit und Ausblick

Die Arbeit hat es sich in erster Linie zum Ziel gemacht zu zeigen, inwiefern die französische Sendung „Rendez-vous en terre inconnue" eine *mise en scène de l'altérité* vollzieht und mit welchen Techniken ihr dies gelingt. Bei der Analyse, der im Mai 2020 ausgestrahlten Folge in der Mongolei zeigte sich, dass sowohl Nawell Madanis und Raphaël de Casabiancas verwendete Sprache als auch die Inszenierung der Lebensumstände dafür sorgten, dass eine Andersartigkeit zwischen den beiden Kulturen geschaffen wird. Das verfolgte Ziel dieser geschaffenen Abgrenzung dient der Erfüllung von Stereotypen, um eine deutliche Einteilung in „Nous et les Autres" à la Todorov zu schaffen und infolgedessen die Erwartungen der Zuschauer*innen zu erfüllen. In einem zweiten Teil der Analyse hat die Arbeit gezeigt, dass durch eine Idealisierung bestimmter Aspekte wiederum eine Reduktion der Andersartigkeit vollzogen wird, was zu einem Verlust der Realität führt. Besonders die vom ersten Moment an auffällige Nähe zwischen Nawell Madani und den Gastgeber*innen erwies sich als unrealistisch und dient dem Zweck zu zeigen, dass trotz der eigentlich geographischen Distanz der beiden Kulturen, keine körperliche Distanz beziehungsweise keine kulturellen Differenzen existieren und der *exotisme* keine Angst hervorrufen soll. Zudem wurde gezeigt, dass bei Ausstrahlung der Sendung dem Zuschauer eine Vielzahl von Fakten, die sich um die gesamte Produktion drehen, nicht offen gezeigt werden, um ein Volk zu präsentieren, welches ‚authentisch' und real ist, wie es in ihren Vorstellungen verankert ist, um so eine

---

[10] Beispielsweise in Minute 00:30:32 serviert ihnen die Gastgeberin selbstgemachten *fromage sec* oder in Minute 00:34:42 werden ihnen Suppe serviert.

Abgrenzung zu schaffen. Deutlich wurde dabei, dass die Reisenden keineswegs auf gewisse Privilegien verzichten wollen. Vor diesem Hintergrund handelt es sich bei der Sendung „Rendez-vous en terre inconnue" um eine Art der *téléréalité,* die dem *goût de l'exotisme* nachgeht, indem der *point de vue* des Westens allgegenwärtig thematisiuert wird.

Die *téléréalité* scheint auch in Zukunft einen festen Bestandteil unserer Fernsehsendungen einzunehmen, da das Interesse zunehmend größer wird und die Vorteile für die Sender auf ökonomischer Sicht aufgrund von geringen Produktionskosten auf der Hand liegen. Deutlich zeigt sich allerdings, dass die Realität an dieser Stelle nicht vom Zuschauer*innen erwünscht wird, sondern eine fingierte Welt als anziehend gilt. Allerdings scheint durch die Vielzahl der Möglichkeiten des Reisens in die ferne Welt, ein Verlust des Terrains in der eigenen Umgebung zu resultieren. Unter Anderem macht Perec (1974) deutlich, dass die Aufgabe in der Zukunft daran liegt „en (ré)découvrir le familier retrouvé, ‚l'éspace fraternal' d'appréhender le monde ‚comme retrouveaille d'un sens, perception d'une écriture Terrestre d'une géographie dont nous avons oublié que nous sommes les auteurs." Genau dieser Aufgabe stellt sich seit 2018 die Sendung „Nos terres inconnues" und verdeutlicht, dass der Rahmen der zwei Sendungen trotz der eben nicht so fernen besuchten Länder derselbe ist.

8. Literaturverzeichnis

Affergan, François: *Exotisme et altérité*. Paris: PUF, 1987.

Albrecht, C.: Der Begriff der, die, das Fremde. Zum wissenschaftlichen Umgang mit dem Thema Fremde. Ein Beitrag zur Klärung einer Kategorie, S. 80-94 in: Bizeul, Y., Bliesner, U., Prawda, M. (Hg.): Vom Umgang mit dem Fremden. Hintergrund – Definitionen – Vorschläge. Weinheim/Basel: Beltz,1997.

Barth, Volker „Fremdheit und Alterität", Köln 2008, <https://perspectivia.net/servlets/MCRFileNodeServlet/ploneimport_derivate_00000551/barth_fremdheit.doc.pdf>.

Blanchard, Pascal / Couttenier, Maarten: *Les Zoos humains* in: Nouvelles Etudes Francophones. Revue du Conseil International d'Études Francophones, Vol.32, 1, 2017, S.109-114.

Dupont, Luc: „Vingt-Cinq Ans de Téléréalité: Quand La Réalité Dépasse La Fiction"., *Ethnologies*, vol. 29, no. 1–2, 2007.

Fishman, Mark: „Television Reality Crime Programs: Context and History", in: Mark Fishman und Gray Cavender, Entertaining Crime. Television Reality Program, New York, Aldine. DeGruyter: 1998, S. 1-18.

Gauthier, Lionel: *La télévision perpétue le mythe des « peuples arriérés »*, 2010. <https://www.letemps.ch/opinions/television-perpetue-mythe-peuples->arrieres?fbclid=IwAR3nZsBolw0Nlyy5egAyqhnALXkvP4N1eypvvutD_f7dByd4BcN8YhRHXkY>.

Klaus, Elisabeth: Grenzenlose Erfolge? Entwicklung und Merkmale des Reality-TV. In: Frizzoni, Brigitte/Tomkowiak, Ingrid (Hrsg.): Unterhaltung. Konzepte – Formen – Wirkungen. Zürich: CHRONOS 2006, S. 83-106. <https://www.rosalux.de/fileadmin/ls_nrw/dokumente/Publikationen/Klaus_Grenzenloses_Realiy_TV.pdf>.

Lecoeuvre, Sarah: *Hygiène, besoins, nourriture… Tous les secrets de tournage de Rendez-vous en terre inconnue*, 2017. <>.

Mikos, Lothar: *Film- und Fernsehanalyse*. Konstanz: UVK 2008.

Ouadhi, Sonia: *Rendez-vous en terre inconnue: le calvaire de Nawell Madani lors du tournage en Mongolie*, 2020. <https://www.voici.fr/news-people/actu-people/rendez-vous-en-terre-inconnue-le-calvaire-de-nawell-madani-lors-du-tournage-en-mongolie-681201>.

Perec, Georges, Especes d'espaces, Paris, Éditions Galilée, 'Le monde, 1974, S.104-105.

Porra, Véronique: *Épuisement de l'exotisme et voyage en creux: sur une redéfinition de l'ailleurs et de l'altérité dans les années 2010*, in: (Hrsg.) Marc Escola, „L'ailleurs par temps de mondialisation", 2018.

Razac, Olivier: *L'écran et le zoo. Spectacle et domestication, des expositions coloniales à la télé-réalité*. Paris: Denoel, 2002.

Reuter, Julia „Ordnungen des Anderen" Bielefeld: Transcript, 2002. <https://www.transcript-verlag.de/media/pdf/6d/90/55/oa9783839400845.pdf>.

Riegel, Christine: „Bildung – Intersektionalität – Othering. Pädagogisches Handeln in widersprüchlichen Verhältnissen." Bielefeld: transcript Verlag, 2016.

Staszak, Jean-François: „Qu'est-ce que l'exotisme?", *Le Globe*, 148, 2008, S. 7-30.

Todorov, Tzvetan: *Nous et les autres*. Paris: Editions du Seuil, 1989.

Milton Keynes UK
Ingram Content Group UK Ltd.
UKHW040736310723
426074UK00005B/497